Der kleine Junge und
der Große Gott

Wolf-Uwe Erdzack

Der kleine Junge und der Große Gott

Gedichtband

2007

Alle Rechte vorbehalten dem Autor!
Das Werk und seine Teile sind urheberrechtlich geschützt.
Jede denkbare und reale Nutzung bedarf der vorherigen schriftlichen Einwilligung des Autors. Hinweis zu Par. 52a UrhG: Weder das Werk noch seine Teile dürfen ohne eine solche Einwilligung eingescannt und in ein Netzwerk eingestellt werden.

Bibliografische Information der Deutschen Nationalbibliothek
Die Deutsche Nationalbibliothek verzeichnet diese Publikation in der Deutschen Nationalbibliografie; detaillierte bibliografische Daten sind im Internet über http://dnb.dnb.de abrufbar.

© 2014 Wolf-Uwe Erdzack
Satz, Umschlaggestaltung, Herstellung und Verlag: BoD – Books on Demand
ISBN 978-3-7357-1053-6

Inhalt

Der kleine Junge und der Große Gott	7
Gott – der Lehrer	9
Der alltägliche Helfer	12
Der Alarm	14
Die Waage	16
Der Verstand	18
Die Zufriedenheit	19
Die Zielscheibe	20
Die Einladung	22
Der erkannte Mechanismus	24
Das Wissen	26
Die Wanderung	27
Der Wert des Freundes	29
Die Langsamkeit	30
Der Lebenskünstler	32
Die Liebe	33
Der Gedanke	34
Der Spaß	36
Die Überwindung	37
Der alte Mensch	38
Die Lust	40
Das Schreiben	41
Die Schande	42
Die Erinnerung	43
Die Verführung	44
Die Eitelkeit	46
Harmonie	48
Der Sieg	49
Die Grenze	50
Die Leistung	51
Das Nahe und das Ferne	53

Der Kitzel	54
Das Banale	55
Das Spiel	56
Der Wechsel	57
Die Natur	58
Der Unterschied	60
Das Lieblingstier	61
Im Garten	63
Das Phänomen	64
Das Maß der Kritik	66
Die Schönheit	68
Ein Loblied dem Sport	70
Die Laune	72
Gedanken über die Technisierung des Lebens	74
Kritik der Kritik	75
Das Detail	76
Der Spiegel	78
Das Gedankenmeer	80
Der Mangel	81
Die Schwierigkeit	82
Die Straße	84
Die Lüge	87
Die Zukunft	88
Die Kugel	89
Gedichtduo Teil 1	
Fragen eines Schülers an den oberen Staatsherrn	91
Gedichtduo Teil 2	
Fragen eines Schülers an den gewöhnlichen Bürger	93
Die Treue	95
Die Jugendzeit	96
Der Maßstab	97
Der Wert	98
Der Wohlstand	100
Die Uhr	101

Der kleine Junge und der Große Gott

Der große Gott ruft den kleinen Jungen:
„In Dir will ich sein, Dich halt ich umschlungen!"
Gebe Dir die Kraft zu spüren,
dass Dein Leben öffnet jene Türen,
die versperren sonst des Menschen Blick
auf des Seins wahres Glück.

Schau in Dich und schau heraus –
all dies ist das Gotteshaus!
Sprießt aus unersättlichen Gebären
in die All- und Alles - Sphären.
Hüllt Dich, Mensch, in Plan und Wunder,
führst den Jungen zu deinem Bekunder.

Mit der Wärme deiner Gnade
und des Wunschs, der sich entlade,
dass des kleinen Jungen Werden
Spiegel ist deines Tuns auf Erden –
alle Menschen so erkennen,
welches Werk sie Gott da nennen.

Als der Junge nun geworden
Helfer in des Gottes Orden,
lebt er diese Harmonie,
die die Menschheit fand noch nie.
Güte nehmen und verteilen,
Missgunst, Hass und Ängste heilen.

Überall das Maß zu finden,
all die Wunder zu verbinden,
die uns Gott so vorgegeben,
das ist jedoch höchstes Streben!
Schaffen auf des Glaubens Kraft
ist des Jungen Lebenssaft.

Das Wasser seiner Jugendquelle
wird geschöpft aus Gottes Kelle,
denn der schenkt sein Liebvertrauen
dessen Wirken und Erbauen
einer neuen Beziehungswelt.
Gott uns, enger je gestellt!

Gott – der Lehrer

Ist das Leben unsere Schule –
unser Weg, der vor uns liegt,
haben wir den tollsten Lehrer,
dessen Hilfe nie versiegt.

Lernen wir von seinem Wissen!
Diese Weitsicht tut uns gut.
Denn wir haben viel zu schaffen,
und wir brauchen ständig Mut.

Wären wir nur halb so edel,
fleißig und auch willensstark
wie der Lehrer, der uns führet,
wär die Welt viel weniger karg.

Lasst uns endlich auch begreifen,
was des Daseins tiefer Sinn,
um uns so dann zu erfreuen
an unserem Leben – als Gewinn.

Genießen wollen wir jede Freude,
die wir tun und uns gemacht,
hassen dafür alle Dinge,
die uns vom Glück weggebracht.

Haben wir auch gute Schüler,
doch der schlechten sind zu viel,
müssen hart mit diesen streiten,
kämpfen gar – für's große Ziel.

Harmonie – das ist kein Fremdwort,
sondern unsere Hausarbeit.
Täglich sollen wir sie leben
mit der schönsten Heiterkeit!

Mit der Zeit, so hofft der Lehrer,
wird unser Können dann so groß,
dass die Welt in neuen Farben
Gewinne bringt für jedes Los.

Jeder Mensch auf dieser Erde,
wo er wohnen mag auch nur,
soll bestehen Gottes Schule
mit dem tollsten Abitur!

Abitur 1,0

Der alltägliche Helfer

Ziehen die Menschen in den Morgen,
ist der Ruhe Schlafenszeit,
und die Heiligkeit verborgen,
liegt von unserem Tun so weit.

Nichtigkeit schlägt hohe Wellen
und der Missmut atmet tief.
Liebe liegt in festen Schellen
und vom Frohsinn fehlt der Brief.

Wollen wir zwar ständig schaffen,
doch der Sinn verlorengeht,
wenn wir all die Zeit nur raffen
für eine Fahne, die nicht weht.

Gibt es einen höheren Grunde
für die Dummheit, die wir tun?
Lasst uns schauen diese Wunde,
ob wir heilen können sie nun!

Doch, wir kennen den Arzt der Heilung.
Gott – wir fragen bei Dir an:
„Bringt das Leben jene Teilung,
die man nicht begreifen kann?"

Ja, es gibt sie bei Vergessen
unserer göttlichen Medizin.
Deshalb sollten wir besessen
an den heil'gen Ketten ziehn!

Sie nur holen uns aus der Tiefe
eines sinnlosen Gebärens,
und es ist, als Gott uns riefe:
„Lasst Euch nicht den Blick versperren!"

Schätzt das Leben in seiner Größe!
Achtet es – das Wunderwerk!
Geben wir uns keine Blöße,
bleibt der Teufel ein winz'ger Zwerg.

Hüten wir uns vor Parolen,
füllen Liebe in den Raum,
sonst ist uns das Glück gestohlen.
Anderssein dann nur ein Traum.

Der Alarm

Es heulen tausend Sirenen.
Gott hat den Knopf gedrückt.
Sie sollen gelten all jenen,
die von der Moral weit entrückt.

Sie handeln in Gottes Namen,
doch <u>Er</u> hat sie nicht befugt.
Sie säen nicht seinen Samen,
sondern haben den Teufel belugt.

Ihr Wirken bringt Schmerz und Schande.
Der Weg ist von Unheil gesäumt.
Sie zerstören des Glückes Bande
und haben die Plätze geräumt.

Die Plätze von Frieden und Eintracht,
wo Glauben auch Segen bringt.
Sie sind so leer geworden,
weil jenen ihr Plan gelingt.

Doch kein Mensch hat Gott gepachtet,
so sehr er es hinausschreien mag,
und hätte er es auch nur gedacht,
da dämmert schon der entscheidende Tag.

Es schreiten göttliche Armeen
in unzerstörbarer Macht daher.
Sie geben jetzt klar zu verstehen,
so geht es nun weiter nicht mehr.

Du und ich – wir sind die Soldaten,
Gerechtigkeit und Güte – unser Ziel.
Wir werden Gott nicht verraten,
wir verdanken <u>Ihm</u> so unendlich viel.

Die Waage

Eine Waage, seit Menschengedenken alt,
steht im Zentrum des Lebens.
Doch nur wenige machen vor ihr Halt.
Da suchen sie das Glück vergebens.

Tritt ein in einen dunklen Raum!
Erleuchte ihn mit deinen Gedanken!
Noch erkennst du die Dinge kaum,
gerade öffnen sich blendende Schranken.

So gehe nun forsch weiter!
Die Chance ergibt sich selten genug.
Drei Wesen erblickst du, sie wirken heiter.
Sie flüstern in pausenlosem Zug.

Es sind die geheimnisvollen Zeiten
des Gestern, Heute und Morgen.
Sie möchten dich zur Waage begleiten
und ihre Weisheit dir kurz borgen.

Da steht sie nun vor dir -
die von Gott geschaffene Waage.
Glück und Unglück siehst du hier,
verursacht durch die jeweilige Lage.

Gewichtig sind alle Dinge im Leben,
nur besitzt jedes sein eigenes Maß.
Dies zu finden ist dein Streben,
zufrieden jener, der's nicht vergaß.

Lang verweile an diesem Ort
und du hörest Gottes Stimme!
Es klingt – er ruft das Lösungswort.
Nun jubeln alle deine Sinne.

Allseitig sollst du tun und denken,
das Eigene mit dem Fremden verbinden,
den Blick in alle Richtungen lenken,
die Wahrheit, tief verborgen, finden!

Gott wird dir helfen auch dabei,
doch deinen Plan wird <u>Er</u> erwarten.
Die Botschaft, die verkündet sei:
„In neuem Bunde lasst uns starten!"

Der Verstand

Nachdenklich schauen wir auf unser Leben,
wecken Dinge alter Zeiten aus dem Schlaf.
Fangen innerlich leicht an zu beben,
denn so manches uns sehr stark betraf.

Doch sind wir es wirklich selbst gewesen,
die vor Jahren dies und jenes erlebten?
Können wir die Seiten unseres Ich noch lesen,
die so sehr vergilbten und verklebten?

Tauchen in ein' Sprudel der Gefühle,
wo die Wehmut auch das Glück nass spritzt.
Frösteln arg von Zeiten Kühle
und die Sorglosigkeit liegt ungeschützt.

Augenblicklich wollen wir rebellieren,
doch der Verstand hält uns zurück.
Zeigt den Katalog guter Manieren
und erklärt uns unser Werden Stück für Stück.

Die Gegenwart, sie triumphiert wieder,
jedoch die Zweifel sind nicht ausgeräumt.
Sie summen ihre melancholischen Lieder,
und ein Traum ist noch nicht ausgeträumt.

Die Zufriedenheit

Menschlich sind doch unsere Launen,
braucht darüber niemand staunen,
aber der schlechten sind zu viel,
Zufriedenheit – das große Ziel.

Vieles können wir uns erlauben,
ohne dabei nur zu glauben,
dies wär alles lieb und nett,
wohlerzogen, fair, adrett.

Vollkommen brauchen wir nicht werden
in unserem Leben hier auf Erden.
Nur sollten wir schon danach streben,
dem Dasein guten Sinn zu geben!

Wichtig ist hierbei vor allem,
dass wir anderen auch gefallen.
Nicht nur uns selbst immer loben,
über die Nachbarn aber toben.

Dies zu schaffen ist nicht leicht,
mancher es auch nie erreicht.
Wem es endlich doch gelingt,
dem das stille Glück zuwinkt.

Die Zielscheibe

Wort auf Wort, so sprechen wir
ganz im Unterschied zum Tier.
Jeder soll uns dann verstehen,
ausgeschlossen ein Versehen!

Doch was mussten wir erfahren,
als wir im Gespräch dann waren.
Achselzuckend schaute man nur,
von Verstehen keine Spur.

Sätze schossen am Ziel vorbei,
vielen war es einerlei,
und trotz aufgebrachter Mühe,
Worte schwammen wie in Brühe.

Sprache, du bist unvollkommen,
hat nun jeder mitbekommen!
Um so mehr ist Fleiß gefragt,
genau zu hören, was jemand sagt.

Ja, der Schriftsteller spricht dreister!
Übung macht auch hier den Meister.
Lassen wir dies Hundekläffen,
Worte können ins Schwarze treffen!

Die Einladung

Menschen, die Ihr dies leset,
versucht, zu verstehen den Sinn!
Nehmt Euch die Zeit zu verweilen!
Gebt Euch Euren Gedanken hin!

Werden wir nicht fauler im Denken,
bunte, hastige Welt um uns?
Andere, sie wollen uns lenken,
wir immer weniger Eigenes tun.

Technik, die uns berauschet,
beherrscht unser Leben stark.
Werden wir ihre Sklaven,
so trifft es uns mitten ins Mark.

Hinzu kommen jene Propheten,
die kurbeln an den Rädern der Macht.
Sie uns „Wahrheiten" vorbeten,
da gilt es, zu sein auf der Wacht!

Die Weisheit wird aufgefressen.
Die Keime fliegen überall.
Der Klugen wird's immer weniger.
Sie werden zum Einzelfall.

Doch wer will sich Trottel schon nennen?
Die Eitelkeit verbietet es ihm.
Man glaubt, die Dinge zu kennen,
die Meinung erfolgt ungestüm.

Aber ehe wir uns versehen,
stehen wir dem Abgrund nah!
Da reicht uns die Hand zum Gehen,
Gott, der das Unheil sah.

Lasst uns nun zu ihm schauen
und bemühen, ihn zu begreifen!
Dann haben wir geistig' Brot zu kauen.
Glücklich, unser Verstand wird reifen.

Indem wir Gott erkennen,
tiefgründig und makellos schön,
da können wir die Namen nennen
der Sachen, die um uns herum vorgehen.

So beherrschen wir unser Leben
mit großer Arbeit und Müh,
wenn wir dem Schöpfer nachstreben
und uns entfernen von ihm nie!

Die Anstrengungen sind nicht einfach
und knifflig die Aufgaben dazu.
Niemals wollen wir aufgeben,
die anderen nicht , auch nicht Du!

Das Paradies werden wir nicht erhalten,
das eine oder andere bleibt verzwickt.
Nur verstehen wir selber zu schalten
an den Hebeln des Erdenglücks.

Der erkannte Mechanismus

Manchmal fangen wir an zu träumen,
weil die Zeit es uns erlaubt.
Banales können wir gern versäumen,
das unser Denken so bestaubt.

Manchmal fangen wir an zu tanzen,
weil der Frohsinn uns gepackt.
Werfen fort den schweren Ranzen,
der mit Problemen vollgesackt.

Manchmal fangen wir an zu lachen,
weil der Spaß geladen ist.
Treiben bunte, kecke Sachen
und so manche witz'ge List.

Manchmal fangen wir an zu beben,
weil die Freude riesengroß.
Haben das Gefühl zu leben
und nicht existieren bloß.

Manchmal fangen wir an zu feiern,
weil ein Anlass uns antreibt.
Alles kann uns jetzt erheitern,
die Seele sich die Hände reibt.

Manchmal fangen wir an zu reisen,
weil ein Ziel gegeben ist.
Unsere Neugier darf nun speisen,
Bildung ihre Fahne hisst.

Manchmal fangen wir an zu kämpfen,
wollen im Sport der Sieger sein.
Unsere Lust ist nicht zu dämpfen,
die Befriedigung so rein!

Manchmal fangen wir an zu lieben,
weil es doch das Größte ist.
Geben hin uns schönsten Trieben,
die man niemals mehr vergisst.

Manchmal fangen wir an zu denken,
warum ist manchmal nur manchmal?
Wollen uns doch mehr beschenken,
wenn wir hätten denn die Wahl.

Nun, wir können schon gestalten!
Erkenntnis ist der erste Schritt,
unser Tun so zu schalten,
dass das Glück kommt mit uns mit.

Wohl sind wir jetzt schon gefordert,
unsere Kunst dabei gefragt,
Zeit und Raum dann so geordert,
wie der Plan es uns besagt.

Alles werden wir nicht kriegen,
doch jedes Mehr ist schon Gewinn.
In uns wird die Freude siegen
und wir leben mit mehr Sinn.

Das Wissen

Mächtig schreitet es daher,
stolz und selbstbewusst.
Keine Frage ist zu schwer,
hat die Antwort schon gewusst.

Zweifel werden weggeblasen,
Irrtümer schnell ausgeräumt,
geschaffen neue Wissensbasen,
Bücherberg das Leben säumt.

Und es bringt auch großen Nutzen,
überall wohin man schaut.
Vor Gefahren tut's uns schützen,
hat den Wohlstand aufgebaut.

Doch bei allem tollen Lobe
sich ein Widerstande regt,
und im Geist ein stark' Getobe,
ein Gefühl sich gar nicht legt.

Phantasie, sie will auch leben,
Schönheit unseres Seins entfacht.
Keine Erklärung immer geben,
in den Tag hineingelacht.

Die Wanderung

Früh verlassen wir das Haus,
ist der beste Augenblick.
Wollen einfach nur jetzt raus,
lassen Gewohntes nun zurück.

Neugier schärft unsere Sinne,
genüsslich schauen wir uns um.
Albern kommentieren wir manche Dinge,
lachen uns auch öfters krumm.

Leichtigkeit umspannt die Seele,
Kleinigkeiten bestaunen wir,
eine Melodie auf unsrer Kehle,
öffnen wir die Herzenstür.

Jetzt ist die Zeit für Freundschaft
oder eine neue Liebe gar?
Vervielfacht unsere Schaffenskraft,
stellen wir uns entschlossen dar.

Gibt es auch paar Stolpersteine,
Umwege, die zu gehen sind,
laufen mit Elan die Beine,
genießen wir den frischen Wind.

Mit des Tages langer Dauer
erschöpft so stetig unsere Kraft.
Lehnen zufrieden an Glückes Mauer,
blicken zurück, was wir geschafft.

Doch das Fernweh treibt uns weiter.
Morgen gilt es wieder neu.
Diese Aussicht stimmt uns heiter,
bleiben unserer Unrast treu.

Der Wert des Freundes

Schaust du in tausend Gesichter,
Gleichgültigkeit ist der Empfang.
Spielt auch der Zufall den Richter,
einmal da erntest du Dank.

Geschenkt wird dir pure Freude,
dass man dich einfach nur sieht.
Gelobt sei das „Hier und Heute",
weil dieses Ereignis geschieht.

Frust hat den Alltag durchpflügt.
So oft hast du Unterstützung vermisst.
Aber nun hat die Hoffnung gesiegt.
Du – ein König der Freundschaft bist.

Wichtig bist du geworden
für einen, der dich begehrt.
Dieser Triumph lässt sich nicht morden,
er ist von unschätzbarem Wert.

Erlebe das Glück recht lange
und sauge auf die Kraft!
Die Zukunft macht dich nicht bange.
Du hast etwas Großes geschafft!

Die Langsamkeit

Schauen wir auf unser Leben,
gleicht es einem starken Strom.
Mit der Geburt wird uns gegeben,
Anstoß, kräftiger als ein Zyklon.

Wie von Sinnen rasen wir nun
auf des Daseins Fluss.
Irgendetwas müssen wir tun,
sonst naht schnell der Schluss.

Lasst uns rasch den Anker setzen!
Suchen einen festen Grund!
Wollen nicht mehr weiter hetzen,
unsere Seele ist schon wund!

Möchten eine Liebe gebären,
Gott – Du bist uns Hilfe nun!
Ist's als alle Engel in uns wären,
wir jetzt endlich Wahres tun.

Kommt! Wir wollen anders werden
als das Sein, was wir gekannt.
Rennen nicht wie blinde Herden
durch ein ungeschautes Land.

Bleiben wir stehen an jeder Schönheit,
die uns einlädt, uns zu freuen!
Keine Störung weit und breit,
weil wir diese Ruh nicht scheuen.

Langsamkeit, du bist das Vorbild,
nächster Gedanke wird verdrängt.
Erstarrung fast, die für uns gilt.
Tiefster Genuss das Handeln lenkt.

Setzen wir uns neue Regeln
für das Spiel, was Leben heißt!
Anders messend jene Pegel,
die dann unser Schiff bereist.

Der Lebenskünstler

Es gibt eine Kunst zu leben
im Sinne eines Meisterwerks,
die will uns ein Vorbild geben,
all jenen, die sind des Daseins Zwerg.

Da lächelt der Artist von der Bühne,
die, die das Leben umspannt,
balanciert auf dem Seil forsch und kühne
und jongliert die Utensilien gewandt.

Er erobert die Freiheit des Seins
in den Grenzen, die möglich sind.
Gesetze, die nur des Scheins,
bläst er davon wie der Wind.

Den Frohmut hat er gemietet,
sein Herz ist warm und weit.
Den Respekt er Gott gebietet
in einer dankbaren Heiterkeit.

Nun lasst es uns versuchen,
das Vorbild sahen wir,
zu naschen vom Lebenskuchen,
zu trinken des Glücks Elixier!

Die Liebe

Nichts ist in uns Menschen so tief,
nichts gibt's, was uns stärker zum Leben rief
als die Liebe, die Liebe, die Liebe.

Wer sitzt von all unseren Gefühlen auf dem Thron?
Wer spielt im Konzert der Seele den höchsten Ton?
Nur die Liebe, die Liebe, die Liebe.

Sie ist das Ende der Sinnlosigkeit
und sät eine Hoffnung so wundervoll weit.
Ja die Liebe, die Liebe, die Liebe.

Es entzückt uns nicht nur der Augenblick,
sondern es ist ein dauerndes, ewiges Glück
durch die Liebe, die Liebe, die Liebe.

Doch gehegt werden will sie wie ein Kind,
dass sie nicht wegbläst ein steifer Wind,
unsere Liebe, unsere Liebe, unsere Liebe.

Dann braucht uns auch nicht werden bang,
so hält sie ein ganzes Leben lang,
unsere Liebe, unsere Liebe, unsere Liebe.

Der Gedanke

Klar und rein erscheint uns nun
der Gedanke, dies zu tun.
Und er bringt Gesellen mit,
die uns halten gleich in Schritt.

Er hat uns jetzt fest gepackt,
rigoros den Widerstand geknackt.
Deshalb starten wir in die Taten.
Ob's gelingt, wir können nur raten.

Viele Dinge müssen wir handhaben.
Probleme hier gelöst, dort neue aufgegraben.
Details geklärt, doch andere erst erkannt,
vor uns türmt sich eine imposante Wand.

Kriecht in uns empor der Frust,
impft der Gedanke neue Lust.
Langsam sehen wir trotz Mühe,
dass ein Werk vor uns erblühe.

Irgendwann haben wir's geschafft,
sind am Ende unserer Kraft.
Zufrieden schauen wir nun drein,
Stolz soll uns beschieden sein.

Wollen uns nun zur Ruh begeben,
doch was müssen wir erleben?
Ein neuer Gedanke schnellt empor,
zieht uns mit zum Schaffenstor.

Dies ist unser Daseins Spiel.
Immer wartet schon ein Ziel.
Lang Verweilen gibt es nicht,
solange brennt das Lebenslicht.

Schauen wir einmal zurück:
Übrig bleibt ein kleines Stück,
„Ein Gedanke, klar und rein".
Damit müssen wir zufrieden sein.

Der Spaß

Gott hat die Natur geschaffen
und den Menschen mittendrin.
Wenn die Zeit im Blick wir raffen,
stellt sich dar der höhere Sinn.

Großer Plan in heiligem Gewand
zeigt des Seins Weg.
Ewig Zeit und endlos Land
winken uns als Beleg.

Fragend schauen wir in die Ferne,
unser Wissen ist zu klein.
Erhaben leuchten uns die Sterne
und wir kauen auf festem Stein.

Was bedeutet unser „Ich"
in des Lebens Mühen?
Fühlen uns ganz wunderlich,
Antworten wollen nur fliehen.

Eines jedoch ist klar im Blick,
Spaß ist uns geschenkt.
Berechtigt sprechen wir von Glück,
wenn man alles überdenkt.

Die Überwindung

Morgens verlässt du das Haus,
gehst die Straße entlang.
Leicht gebückt, so ist dein Gang,
hältst dich jetzt aus allem raus.

Dein Programm heißt Abschottung.
Fremdheit schreitet dir entgegen,
Fröhlichkeit wär hier ein Segen
in einem Raum von Abneigung.

Doch ein Widerstand regt sich in dir,
anders wahrlich ist dein Wesen,
möchtest in fremden Gesichtern lesen,
dass ja alle sind ein „Wir".

Unser Leben ist zu kostbar,
deshalb tu den ersten Schritt!
Teile dich den anderen mit!
Vielleicht warten sie sogar.

Zu viele Chancen lässt du vorüberziehen.
Brauchtest nur ein bisschen Mut.
Nicht nur hoffen auf des Glückes Flut,
aktiv eigener Leere zu entfliehen.

Unglaublich viel kannst du gewinnen.
Rückschläge sind nicht erwähnenswert,
da deine Freude sich riesig vermehrt,
gelingt es dir, stupiden Alltag zu entrinnen.

Der alte Mensch

Welche Ehre alt zu werden,
um so bittrer dann die Schmach,
viele Tränen fallen zu Erden,
Einsamkeit zieht ins Gemach.

„Gegenwart, ich will dich lieben",
schreit der alte Mensch hinaus,
doch was ist ihm denn geblieben
in seinem leblos öden Haus.

Erinnerungen ja, sie wirken nur kurz,
verlieren sich schnell im „Hier und Heute".
Es folgt der wiederkehrende Sturz
ins Land der abgestellten Leute.

Oh, wie arm ist die Gesellschaft
und die Kinder, die es tun,
die das Glück so hingerafft,
schütteln mit den Achseln nun.

Warum geht denn nicht zusammen,
was zusammen doch gehört?
Wieso sollen wir es verdammen,
da's dem eigenen Wohl nicht stört?

Schauen wir zu anderen Ländern
oder in des Volks Vergangenheit.
Erkennen, was gilt es zu ändern
für unser aller Fröhlichkeit.

Kompromisse müssen wir schließen,
jung und alt, und alt und jung.
Dann werden wir die Zeit genießen
unserer eigenen Läuterung!

Die Lust

Was doch für ein armer Tropf,
dem so leer in seinem Kopf!
Ohne Antrieb, ohne Lust
staut er einen Berg aus Frust.

Seht nur dort das Gegenstück-
einen Mensch, der strahlt vor Glück!
Tätig sein an erster Stelle
und ein Werk formt sich in Schnelle.

Lieben Geist und Körper sich,
ist kein Ziel zu hoch für dich,
denn du sprühst vor Energie,
Tatendrang verlässt dich nie.

Doch der Tücken gibt es viele,
sind da auch gefährliche Spiele.
Lustvoll springst du dann hinein
in das Tal der Jammerlein.

Deshalb sollte Hand in Hand
Lust auch gehen mit Verstand,
dass ein Wirken in der Sache
schließlich dich auch glücklich mache!

Das Schreiben

Wer will es lesen und warum?
Es zieht vorüber und bleibt stumm.
Schnell wird es vergessen oder nicht?
Entzündet es gar doch ein Licht?

Gibt es eine empfindsame Seele,
die hieran ein Anstoß nehme,
es im Leben zu praktizieren,
hilfreich sehend, etwas auszuprobieren?

Es ist die Hoffnung in der Tat,
um die der Absender hier bat,
seinem Werk die Zeit zu schenken,
fruchtbar es zu überdenken.

Ja, es wär der schönste Lohn
und ein Lob in höchstem Ton,
wenn eine Antwort käm zurück,
entfacht des Schreibers Herzensglück.

Die Schande

(oder die Notwendigkeit der Moral)

Mensch, nun denk doch einmal nach
über Dich, und uns, und überhaupt!
Lass Revue passieren Jahr und Tag,
langes Überlegen ist erlaubt!

Siehst Du den Müll vieler unserer Taten,
die zu ekelig sind, sie zu beschreiben?
Müssen durch diese Handlungsjauche waten,
um uns unsere Entschuldigungen auszutreiben!

Ohnmacht ist die Antwort unsrer Scham.
Glück, dass wir nicht selber Täter waren,
als die Bilder kippten aus dem Rahm',
und die Greuel marschierten in Scharen.

Vernebelt ist der Geist, verdunkelt der Verstand,
die Logik der Geschichte wird verkehrt,
reingewaschen die schmutzige Hand.
Die Wahrheit ist unbegehrt!

Aus all dieser Schande kann eines nur retten:
der Kampf in uns für eine hohe Moral!
Wir können unsere Seelen drauf verwetten,
für eine Zukunft gibt es keine andere Wahl.

Die Erinnerung

Sonnenstrahlen fallen auf eine Mauer.
Heiß der Mittag, glühend ein Gedanke –
Kind war ich, das Leben ohne Schranke.
Erinnerung trägt immer etwas Trauer.

Ein kleines Haus in einem kleinen Dorf;
die Hitze setzt sich auf das Dach.
Unschuldiges Staunen wird wieder wach;
ich spiele auf dem schatt'gen Hof.

Mir wird so wundervoll leicht.
Gefühle fassen mich an der Hand.
Ich ziehe in ein unbekanntes Land.
Die Gegenwart aus meinen Sinnen weicht.

Zeitlos wird die eigene Existenz,
grenzenlos erscheint die Wirklichkeit.
Ich bin hier und gleichzeitig so weit,
undurchschaubar wandernd die Präsenz.

Erinnerung – sie baut ein stolzes Reich.
Doch kann es mir nicht wirklich gelingen
in dieses dauerhaft einzudringen,
die Konturen, sie werden langsam bleich.

Die Macht der Gegenwart holt mich zurück.
Sie fordert von mir notwendiges Tun,
verschlossen die Erinnerung nun.
Der Vorhang öffnet sich für ein neues Stück.

Die Verführung

Demonstration	-auf den Straßen Tausende
Rebellion	-überall zornig Aufbrausende
Protest	-gegen das ganze Staatssystem
Wut	-auf die herrschende Creme
Empörung	-gegen den Missbrauch von Macht
Entrüstung	-Politiker haben nur an sich gedacht
Warnung	-mit uns macht ihr das nicht mehr
Drohung	-wir jagen euch den Teufel hinterher
Taktik	-die Herrschaftsclique lenkt nun ein
Zugeständnis	-sie schlachtet ihr Sparschwein
Erfahrung	-und kennt des Geldes Rolle gut
Zuversicht	-das gibt ihr für die Zukunft Mut
Wandlung	-die Massen jetzt beruhigen sich
Verhalten	-benehmen sich gar wunderlich
Erinnerung	-vergessen ist des Aufruhrs Grund
Erziehung	-man spricht nicht mit vollem Mund
Aufstieg	-einigen gelingt der Weg nach oben
Ehrung	-sie werden ihre Gönner loben
Erkenntnis	-die Sicht der Dinge ist ganz neu
Bewahrung	-sie bleiben ihrem Ego treu

Theater	-die Menschen füllen ihre Rollen
Status	-die sie von ihrem Stand aus sollen
<u>Verführung</u>	-doch manche spielen sich in ein`Rausch
Macht	-wenn ihnen gelingt der Rollentausch

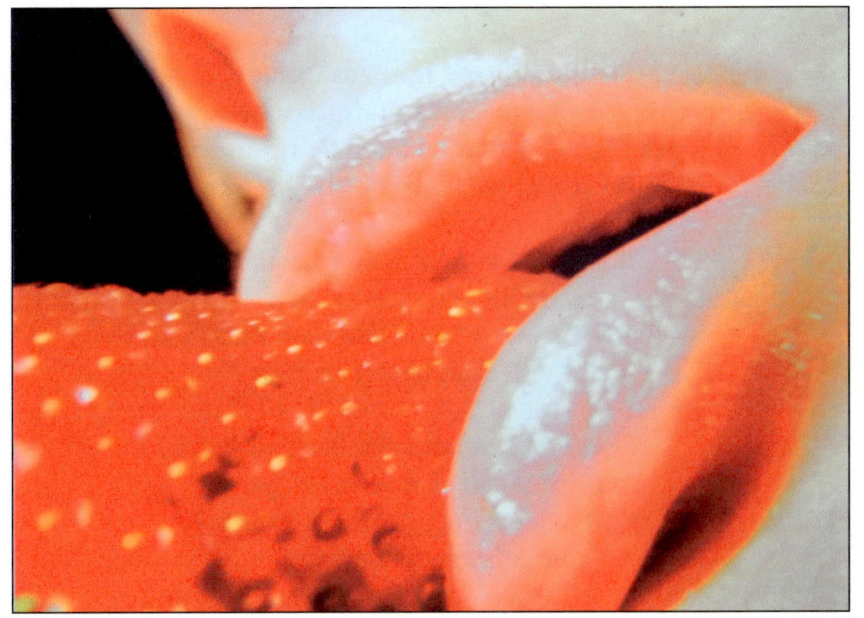

Die Eitelkeit

Sitzen Frauen in einer Runde,
hier trügt nun mal nicht der Schein,
platzt da auf die alte Wunde:
Jede will die Schönste sein!

Sitzen Männer nun zusammen,
weilt der Stolz mit am Tisch,
wenngleich jeder hat auch Schrammen,
doch wer ist der bunteste Fisch?

Sitzen Kinder auf dem Spielplatz,
zeigen her so ihre Sachen,
verhalten sich wie Hund und Katz,
jeder will alles besser machen!

Sitzen Rentner auf der Parkbank,
unterhalten sich sehr erregt,
wer ist denn nun gar nicht krank,
diese Frage sie bewegt!

Sitzen Jugendliche auf dem Fest,
braucht man gar nicht lange warten,
steht schon an der erste Test,
wer ist von den Oberharten?

Sitzen Sportler in einem Kraftraum,
blicken sich sehr lässig um,
wer hat denn den Bodytraum
und drückt gerades Eisen krumm?

Sitzen Politiker in einer Sendung,
die das Fernsehen hat gemacht,
fällt dort jeder auf mit Blendung,
eigener Intellekt doch sehr bedacht!

Sitzen Unternehmer in der Lobby,
führen Small – Talk wie gewohnt,
lieben ja das gleiche Hobby,
welches Geschäft sich noch mehr lohnt!

Eitelkeit strahlt auf das Leben,
alle Farben sind dabei,
kann uns Sinn und Unsinn geben,
glücklich, hoffentlich man sei!

Harmonie

Alle Zeiten, alle Räume – ein Prinzip:
Widersprüche lösen – ewiger Antrieb,
Streben nach Einheit und Harmonie,
endloser Weg – Ankunftszeit „Nie"!

Doch was in der Absolutheit gilt,
dennoch unser Leben mit Sinn erfüllt.
Weil, ein hohes Maß ist zu erreichen,
Harmonie aus unserem Wortschatz nicht zu streichen!

Narren nur, die diesen Wunsch verneinen.
Für sie wird das Licht des Glücks nicht scheinen.
Streit, so produktiv er auch sein mag,
ewig andauernd, verdunkelt er den Tag.

Harmonie – das heißt vor allem Frieden,
wunderbar, wenn allen Menschen er beschieden.
Freundlich wollen wir einander begegnen.
Gott – er wird uns dafür segnen!

Der Sieg

Steht man auf und hat ein Ziel,
ist dies nicht wenig, eher viel.
Schon wird gedacht ein guter Plan,
energisch nun treiben wir uns an!

Die Aufgaben sind groß, sind klein,
doch wollen alle gelöst erst sein!
Die Kraft ist auch verschieden stark.
Die Mittel gesucht, wer sie verbarg?

Wir haben sie gefunden – jetzt aber schnell,
sonst treten wir zu lang nur auf der Stell.
Den Erfolg im Blick, aber noch ist´s zu früh.
Es braucht bis zum Sieg eine erhebliche Müh.

Freilich, ist er dann endlich erreicht,
so fühlen wir uns so wundervoll leicht.
Es blüht eine Blume namens Stolz.
Dankbar klopfen wir dreimal auf Holz.

Manchmal schafft man es auch nicht ganz.
Da breitet sich nicht aus der große Glanz.
Jedoch wichtig ist die eigene Zufriedenheit –
das Glück in dir, das ist gescheit!

Die Grenze

Schreiben, auch Gedichte,
große und kleine Gewichte
für sich und die andern.
Gedanken können so wandern.

Doch es bleiben Worte,
eine fest geprägte Sorte
unserer menschlichen Kommunikation.
Hier fehlt leider mancher Ton!

Der Begriff ist so zu steif,
unsere Seele aber reif,
Unbekanntes zu empfinden.
Worte gilt es, neu zu finden!

Nun, sie würden auch nicht reichen,
Struktur der Sprache müsste weichen.
Inhalt man nur selbst noch kennt,
Form, die gnadenlos dann trennt.

Ahnung wär das Höchste noch,
Zustand wie beim schwarzen Loch.
Dies ist Schreibers Muttermal,
qualvoll trifft er seine Wahl!

Die Leistung

Mensch, was haben wir viele Macken!
Könnten daraus einen Kuchen backen,
der an Größe unerreicht,
ihn dann essen, wird nicht leicht.

Denn er dürft uns auch nicht schmecken,
Abwehrhaltung schnell erwecken.
Doch der Bäcker – das sind Wir!
Ehrlichkeit ist keine Zier!

Bleiben wir bei Einfach – Brot,
überstehen damit größte Not,
und es werden alle satt!
Jeder seinen Frieden hat!

Eines muss man uns auch lassen
und in würd´gem Stil erfassen:
Leistung zeigt der Bäckersmann!
Arbeit – das ist, was er kann!

Schaffen ist unsere Daseinsform,
immer höher hängt die Norm!
Aber Achtung ist geboten –
fröhliches Leben nicht verboten!

Das Nahe und das Ferne

Ich sitze da und schreibe,
das ist mir wichtig jetzt.
Denk nicht, was später noch ich treibe,
Vergangenes kommt zuletzt.

Was gerad ich tu, das bin ich,
Person reich an Facetten,
und denk ich über mich,
den Mürrischen und den Netten.

Die Situationen, sie eilen,
dabei ist Wechsel Trumpf.
Ich kann in einem nicht verweilen,
die Reaktionen würden sonst stumpf!

In diesem Fluss ich treibe,
oft ohne Wunsch und Ziel.
Ein Glück: Ich noch ich bleibe!
Da fehlt manchmal nicht viel.

Dennoch will ich nicht klagen,
weil ich die Chance auch seh,
allzeit das Schlechte abzutragen,
auf gutem Weg ich geh!

Der Kitzel

Rundherum zufrieden schaut ein Mann daher.
Alles läuft geschmiert, nichts liegt ihm noch quer.
Doch der Schabernack der Seele kitzelt seinen Mut,
wären da noch manche Sachen, die ihm täten gut.

Ausgelatscht und stumpf sind seine Wege,
Kreisel der Gewohnheit macht ihn träge,
Gier nach Fremden beißt sich fest,
Tropfen Übermut gibt nun den Rest.

Verwegen betritt er eisglattes Land,
rutschige Schuhe, kein Stock in der Hand.
Erwartungsfroh und spaßig schlittert er dahin,
die Laune ist gut und erkennbar der Sinn.

Aber die List des Schicksals schon intrigiert.
An einer gewagten Stelle es nun passiert:
Der Mann seinen festen Stand verliert.
Lang liegend auf dem Boden er noch sinniert.

„Es ist nicht gut, die Karten auszureizen,
des Glückes Neigung übermäßig einzuheizen.
Man muss nicht jede Blume pflücken,
was sollte sonst uns noch entzücken?"

Das Banale

Große Gedanken, starke Gefühle,
tiefer Sinn und edler Wert,
Pathos treibt die schönsten Blüten,
doch all dies, es muss sich hüten,
draußen wartet Welten Mühle!

Scharfe Kanten pressen gierig,
was des Menschen Seele erzeugt.
Nichtig wird es platt gemacht,
rutscht in unsichtbaren Schacht,
unser Blick verformt sich stierig.

Umwelt glotzt nur teilnahmslos,
geht ihren nüchternen, ewig´ Gang.
Wollen wir die Stimmung retten,
müssen unseren Geist anketten,
dass er in uns bleibt, nur bloß!

Gottes Ruf hören wir nun:
„Find den Freund, der es versteht!",
gemeinsam auf dem Pferde reitet,
das zum Tor der Schönheit leitet.
Wünschten – immer dies zu tun!

Das Spiel

So viele Gedanken darum kreisen,
warum bin ich „Ich" geworden,
so viele Lobe Gott wir preisen,
dafür, dass wir überhaupt geboren!

Fragen, die wir ständig stellen,
eine Antwort schuldigbleiben!
Urteile können wir nicht fällen,
lösungslos dahin wir treiben.

Akteure sind wir in einem Spiel,
doch wer hat die Positionen vergeben?
Von Regeln verstehen wir nicht viel.
Die Schüsse gehen meist daneben.

Dennoch, es macht den meisten großen Spaß,
es ist ein Glück, dabei zu sein!
Und wenn man achtet auf ein Maß,
so stellen sich auch Erfolge ein.

Wir spielen zwar auch auf Ergebnis,
doch unser Handeln ist höherer Sinn.
Das Leben – das ist „ das Erlebnis"!
Freu dich – denn du bist mittendrin!

Der Wechsel

Beurteilt man so manches Ding;
vergleicht es mit den eigenen Werten,
doch dreht ein anderer an dem Ring,
so lockt er gleich mit neuen Fährten.

Ist die persönliche Kritik
an Menschen um uns akzeptabel?
Verklärt sich etwa der eigene Blick,
trägt man selbst der Weisheit Nabel?

Die Wahrheit ist nicht monofil,
gleicht einem Mosaik aus vielen Teilen.
Es ist der Weisen eigner Stil,
ein Buch zu lesen mit allen Zeilen.

So lassen uns viele Sachen rätseln,
wer ist nun eigentlich im Recht?
Müsste man einen Punkt dann setzen,
empfindet man das Urteil schlecht!

Ein Alibi für denkfaule Leute
darf das Problem keinesfalls sein.
Finden wir nicht die Lösung heute,
passt morgen vielleicht der Schlüssel rein.

Die Natur

Suchen wir die letzten Stätten,
wo der Mensch noch nicht eingriff,
wollen so unsere Seelen retten,
betreten schnell das erste Schiff.

Weg von Straßen, Läden, Werken,
raus aus Schulen, Ämtern, Hallen,
Zivilisation wollen wir nicht merken,
zum Ursprung unsres Ich nur fallen.

Außer Menschen, die wir lieben,
soll uns niemand sonst begleiten.
Gesellschaft hat uns aufgerieben,
deshalb ziehen wir in die Weiten.

Frei von Plänen, Zielen, Programmen
schauen wir uns unbekümmert um.
Vergangenes möchten wir nicht verdammen,
doch keine Last mehr drückt uns krumm.

Nun, wo unser Ziel erreicht,
plappern wir wie einst als Kinder.
Jetzt nehmen wir das Leben leicht,
keiner kann uns daran hindern.

Natur, unverfälscht und einfach da,
entzückt durch ihre wundervolle Melodie.
Wir sind Gott selten so nah,
bewegen uns in nicht gekannter Harmonie.

Augenblick – wir sind sehr dankbar.
Diese Schöpfung – welch ein Genuss!
Träumen wir? Es ist wirklich wahr!
Schicksal gibt uns einen Kuss!

Der Unterschied

Oh, wie groß ist denn der Schreck
und wie tief der freie Fall,
mache ich einen Wissenscheck!
Bücher warten, dünn und drall.

Ja, sie bilden Riesenberge,
deren Besteigung an ein Wunder grenzt,
denn wir Menschen sind jetzt Zwerge,
die an Potenzial beschränkt.

Ohnmacht hat uns nun beschlichen.
Spezialist, du wirst gebraucht!
Idee, sie ist von uns gewichen,
dass man Selbstbestimmung haucht.

Was ist machbar hier auf Erden?
Staunend schauen wir nur zu.
Würden gerne schlauer werden,
Kompliziertheit schlägt uns im Nu.

Wenden uns zu den alltäglichen Dingen,
die wir noch beherrschen tun!
Einfache Lieder sind auch schön zu singen.
Zufriedenheit erfüllt uns nun.

Das Lieblingstier

Viele Wohnungen haben Mieter,
die aus dem Tierreich stammen,
leben mit den Menschen zusammen,
ihrem Herrn, Freund, Gebieter.

Hunde, Katzen, Vögel, Hasen
tummeln sich in eigenen Wänden,
streicheln wir mit zarten Händen,
drücken eng an unsere Nasen.

Wie viel Freude, wie viel Frohsinn
bringen sie in unser Haus!
Gefühle lassen wir jetzt raus,
in denen steckt viel Liebe drin.

Diese Tiere können uns leiden,
Umwelt sonst Probleme macht,
mit dem Freund es wieder kracht,
kleiner Spatz wird uns nicht meiden.

Verantwortung haben wir zu tragen,
unser Liebling ist entzückt,
dankbar hat er uns beglückt,
treu ist er an allen Tagen.

Im Garten

Der neue Tag steht auf,
und ich mit ihm um die Wette.
Der Frühling nimmt gerad seinen Lauf.
Es katapultiert mich aus dem Bette!

Rasch öffne ich die Tür
und laufe flink zum Rasen,
turne eine kleine Bodenkür,
vor mir hoppeln die Hasen.

So ohne Kleidung und Ballast
fühl ich mich wie die Jahreszeit.
Die Phantasie macht keine Rast,
nie war mein Horizont so weit!

Ich werfe mich nieder vor Lust
und schaue den Käfern zu.
Blumen reiben an meiner Brust.
Es herrscht eine harmonische Ruh.

Nun geht mein Blick nach oben,
dort wo die Wolken wandern.
Gott möchte ich jetzt loben
vor allen, allen andern!

Das Phänomen

Fährt man weit durch unsere Länder,
braucht es schon ein stark´ Geländer,
um sich kräftig dran zu klammern,
denn so hässliche Flecken sind zu sehen.
Wer möchte hier spazieren gehen?

Verlassene Häuser in öder Landschaft;
verdörrte Natur ohne Lebenssaft;
Industrieruinen klotzen einen an.
Dennoch, man mag es kaum glauben,
Menschen leben hier, das Glück zu rauben.

Der Gedanke herrscht: schnell weg
von diesem abstoßenden Dreck!
Doch plötzlich öffnet sich die Herzenstür,
ein Gesicht strahlt einen an!
Nun bleibe hier, wenn man es kann!

Ein Mensch, so nett und interessant,
wie man es ewig nicht gekannt.
Alle Pflichten sind vergessen.
Die pure Neugier ist geweckt,
ein Tisch der Liebe wird gedeckt!

Wie nebensächlich wird der Ort
und will gar nicht mehr gehen fort,
wenn man den Menschen trifft, der ersehnt.
Es ist ein großes Phänomen,
wie wir das Land jetzt anders sehn!

Das Maß der Kritik

Sauer ist der Bürger wieder,
Staats Entscheidung ist doch Mist.
Politiker; er macht sie nieder –
bis ihm wohler geworden ist.

Ärgern tut er sich gleich weiter,
auf der Arbeit sieht er rot!
Kurz ist die Karriereleiter
und der Chef ist ein Idiot.

Auch die Nachbarn machen ständig,
was einem auf den Wecker fällt,
und der Kumpel ist sehr wendig.
Jeder verspricht, doch niemand hält!

Die Ehefrau hat viele Macken,
Kinder könnten leisten mehr!
Wer will einen noch piesacken?
Alltags Sack drückt reichlich schwer.

Wundersam ist gleich die Wende,
wenn der Blick auf sich selbst fällt.
Wäscht im Recht immer die Hände,
Vorbild für den „Rest" darstellt!

Zweifel etwa, die dort klopfen
an des Denkers Stubentür?
Sind doch Löcher zuzustopfen,
entstanden aus eigenem „Herrlichkeitsallür`"?

In die Rolle des anderen schlüpfen
wirkt wie heilsame Medizin!
Von Einsicht zu Einsicht hüpfen;
klar wie nie zeigt sich der Sinn.

„Relativ" – steht da als Lösung
und so sollten wir kritisieren.
Gut ist immer eine Mischung,
die es gilt, selbst anzurühren!

Die Schönheit

Unser Sein ist unser Spielfeld,
und darauf gibt's viel zu sehn.
Das Meiste wir gar nicht bemerken,
doch auf einmal bleiben wir stehn.

Gedankenschnell entsteht ein Staunen.
Oh, wie ist dies dort so schön!
Augen fangen an zu starren
und der Kopf will sich nicht drehn.

Dieser Glanz trifft unsere Seele.
Tief in uns sind wir entzückt,
und so fühlen wir das Hehre,
das all das Nichtige niederdrückt.

Nehmen wir es als Geschenk,
das der Herr uns manchmal macht.
Diese Freude, die wir spüren,
hat neuen Geist in uns entfacht.

Ein Loblied dem Sport

Unser Tag kennt viele Sparten,
doch wir ungeduldig warten,
dass das Eine endlich beginnt!
Was da wohl die Gunst gewinnt?

Sport – dies ist der Sieger hier!
Freudig erregt starten wir
auf den Plätzen, in den Hallen,
unsere Lustschreie weit schallen.

Niemand, der uns mehr ablenkt,
wir haben uns uns selbst geschenkt!
Ja, die Freude, die ist pur,
eine Gabe der Natur.

Denken ist jetzt fruchtbar nur,
von schlechter Laune keine Spur.
Frohsinn gewinnt die Oberhand,
Sport – du bist das Wunderland!

Reich an unterschiedlichsten Facetten
lösen sich die Seelenketten,
Freiheit ist des Atems Klang,
unstillbar der Tatendrang.

Endlos möchten wir ihn treiben,
wörtlich stets am Balle bleiben!
Jedoch die Kräfte nun schwinden,
wir uns in Erschöpfung finden.

Dieser Zustand ist Genuss!
Nur für heute machen wir Schluss.
Vorfreudig schon denken wir nun,
dass wir es bald wieder tun.

Die Laune

Du, ja Du, der dies liest!
Kennst Du in Dir das Biest?
Wenn Dir der schwarze Look gefällt
und die Boshaftigkeit sich hinzugesellt!
Die Leute Dich dann nur noch meiden,
weil niemand mag Dich wirklich leiden.

Deinen Einwand lass ich gelten,
man kann mit Dir auch nicht nur schelten.
Du bist auch nett, ja sogar lieb,
verschieden ist nun mal Dein Trieb.
Wer kann es wissen oder ahnen?
Wo läuft das „Ich", auf welchen Bahnen?

Es ist das große Spiel der Launen,
und selbst erlebt man nur ein Staunen!
Wie bin ich heut und was ist der Grund?
Mal läuft es eckig, mal wunderbar rund.
Überhaupt, was soll man denken?
Inwieweit kann ich selbst mich lenken?

Was wir auch werden, wer wir auch sind,
alle dürfen wir uns nennen Gottes Kind!
Jedoch, der Zufall ist ein mächtiger Gesell,
verteilt die Lebenskarten rasend schnell.
Was für ein Blatt wir auch erhalten,
wir besitzen die Kraft, den Gang zu schalten!

Plus und Minus, Minus und Plus,
das ist wahrhaft kein billiger Stuss!
Es sind die Pole, zwischen denen wir uns bewegen.
So ernten wir Schmach oder auch Segen.
Wir müssen wollen, Schlechtigkeit zu unterdrücken,
uns tief den wahren Tugenden zuzubücken.

Dann kannst Du Meister werden im Spiel der Launen
und hinter Dir hörst Du ein Raunen,
das von Zuspruch und Bewunderung geprägt,
Dich mit Riesenlust durchs Leben trägt.

Gedanken über die Technisierung des Lebens

Keine Schablone, keine bekannte Kritik
soll beeinflussen den klaren Blick!
Gehen wir durch dünn und dick
mit der bizarren Freundin Technik!

Geld, Zeit und Raum geben wir ihr.
Stellen sie gern aus zur Zier.
Ohne sie zu leben, unmöglich schier!
Ihre Erscheinung stark schmeichelt mir.

Jedoch wissend, dass wir anders werden,
lehne ich ab alle abtuenden Gebärden.
Weise hin auf künftige Roboterherden,
aufsteigend zum Zünglein hier auf Erden.

Identität unseres Ich verliert sich,
vielleicht wundervoll, vielleicht schrecklich.
Dominanz des Menschen nur endlich,
Widerstand dagegen scheitert kläglich.

Solange wir das Machbare auch machen,
bauen uns auf auch furchtbare Sachen!
Hoffnung, Gott wird über uns wachen,
dass nicht ausstirbt unser menschlich' Lachen.

Kritik der Kritik

Wenn ich einmal alles überschaue,
überdenke, was mir möglich ist,
meinem Gerechtigkeitssinn auch vertraue,
spüre ich der Dinge List.

Über uns da schwebt das Reine,
und wir saugen es auch auf,
deshalb hält uns nie die Leine
mit den eigenen Sachen drauf.

Perfektion ist Daseins Streben,
planvoll in den Keimen angelegt,
und so werten wir im Leben,
Widerstand sich selten regt.

Die Zauberformel heißt Genese
und wir sind nur Untertan,
doch die Botschaft, die ich lese:
Treibt es nicht bis in den Wahn!

Mäßigung lässt uns die Freiheit
in den Grenzen unseres Seins,
wenn wir endlich sind gescheit,
ist die Zukunft mehr als Schein.

Das Detail

Eines stimmt nicht, hallt der Ruf
in der allgemeinen Zufriedenheit.
Das Gesamtwerk in Verzug?
Nüchternheit macht sich nun breit.

Eines stimmt nicht, bringt jetzt Unmut.
Die Perfektion ist in Gefahr.
Eigentlich war doch alles gut,
schimpft dort eine kleine Schar.

Eines stimmt nicht, die Stimmung schlägt um.
Ärger und Streit kommen auf.
Ach, wie ist das alles dumm!
Das Bekannte nimmt seinen Lauf.

Eines stimmt nicht, es ist wie immer.
Der Grund zum Missmut nun schnell da.
Weisheit taugt hier keinen Schimmer,
Widerwärtiges liegt jetzt nah.

Eines stimmt nicht oder stimmt's doch?
Die Dinge denn voll Widerspruch!
Licht bringt Schatten eben noch,
das Tätigsein gleichfalls seinen Bruch.

Was wir tun ist nicht vollkommen,
ein Detail schert immer aus.
Kein Gesetz ist ausgenommen,
unser Denken fällt nicht raus.

Eines stimmt nicht, hallt der Ruf
in der allgemeinen Zufriedenheit.
Doch Klugheit die Erkenntnis schuf,
kein Ärgernis für die Gesamtheit.

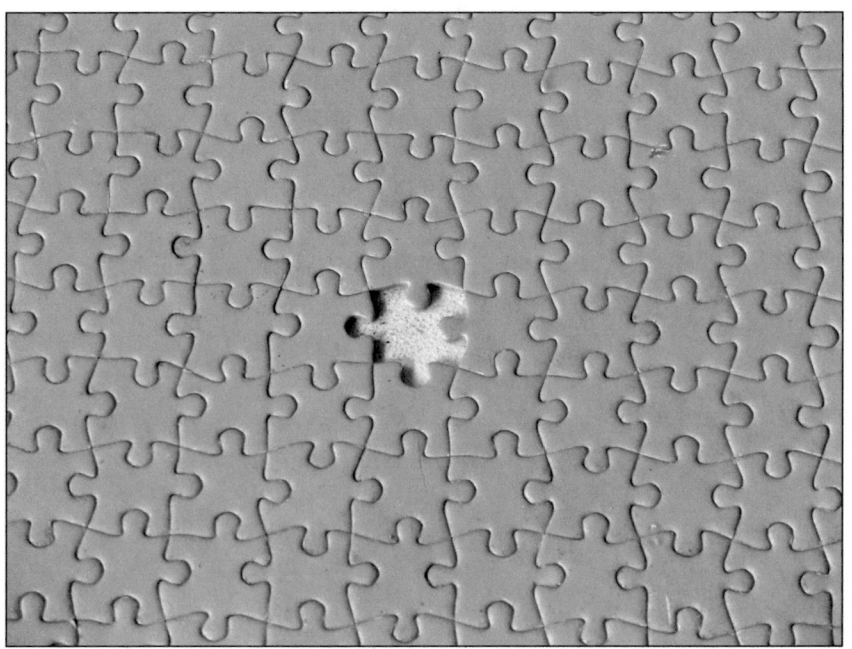

Der Spiegel

Er wurde geschaffen, besser zu sehen,
was die Natur vor ihm nicht bot.
Man kann ihn in alle Richtungen drehen,
sein Bild bringt die Dinge ins richtige Lot.

Jetzt nehmen wir ihn rasch zur Hand
und schauen mutig auch hinein!
Blicken von der Mitte bis zum Rand,
erkennen die Wahrheit, schlicht und rein!

Gefällt sie uns, so möchten wir verweilen.
Genussvoll ist der Augenblick!
Doch andernfalls da wollen wir eilen
und legen weg das gute Stück.

Der Spiegel aber will kein´ Richter spielen.
Er möcht uns Helfer sein in unserem Leben,
die Blicke dahingehend zu zielen,
wie gilt es, eigener Schönheit zuzustreben!

Nun lasst uns diese Aufgabe angehen!
Beenden wir manch alberne Versteckerei!
Wir sollten auch zu unseren Mängeln stehen.
Sie dürfen uns nicht seien Einerlei!

Der Spiegel rüttelt täglich unser Gewissen
und gnadenlos erscheint sein Bild.
Er hat uns aber nie „beschissen",
für ihn die Unverfälschtheit gilt.

Deshalb wollen wir ihn stetig putzen
und unzerkratzt soll er auch bleiben!
Ihn täglich als Wahrsager nutzen,
uns hilfreich, zum besseren Ich zu treiben.

Das Gedankenmeer

Reich ist der Mensch -reich an Gedanken.
Es sind die Früchte -die aus unserer Seele ranken.
Niemand weiß genau -wie sie gewachsen sind.
Sie begleiten uns -seit jener Zeit als Kind.

Gleich einem Fischer -der im Netz ein' vollen Fang,
ziehen wir heraus -einige Ideen in ihrem Gang.
Nun gilt es -sie zu ordnen und bewerten!
Sie wollen Anstoß sein -legen aus ihre Fährten.

Achtung ist geboten -es gibt auch ein paar schlechte!
Das Gewissen ruft -tu hoffentlich das Rechte!
Jedoch kann es passieren -dass manchmal trügt der Schein.
So muss man tiefer schaun -dann bleibt die Seele rein!

Ein Spaß ist es -in diesem Meer zu tauchen,
einem Labyrinth ähnlich -vieles ist nicht zu gebrauchen.
Jetzt aber der Entdecker strahlt -ein wunderbarer Gedanke.
Er weiß es schon -dies öffnet eine neue Schranke.

Alte Ideen und neue,
große und kleine
häufige und seltene -alle im Meer,
  -auf die einmaligen wartet man sehr.
Schreibe sie auf -sie sind sonst für immer verloren!
Schenk ihnen Bewunderung -ein neuer Fortschritt ist geboren!

Stolz gehen wir an Land -das da Praxis heißt,
mit der Beute in der Hand -die die Richtung weist.
Schaffen emsig in den Tag -kommt was Gutes raus!
Freude steht uns im Gesicht -fühlen uns wie ein Daus!

Der Mangel

Ist die Güte Menschen Luxus,
ist das warme Herz verbraucht,
schickt die Boshaft einen Gruß,
unser Mitleid längst verraucht.

Schwarz verfärbt sich dann die Seele,
labt sich an jedem Missgeschick,
packt das Opfer an die Kehle,
schurkig treibt man dieses Stück.

Boden der Güte liegt verloren,
fernab aller gehbaren Schritte,
unnütze Mühe einiger Toren,
Brücken zu bauen, zur menschlichen Mitte.

Folgen, weit aus alten Trieben,
mancher Umstand fördert noch,
all das Liebe auszusieben,
das da fällt in Teufels Loch.

Fraglos kann man es beklagen,
Änderung ist nicht in Sicht,
trotzdem gilt's, den Kampf zu wagen,
wenn die Zukunft zu Dir spricht.

Die Schwierigkeit

Ich, ich, ich, ich, ich, ich –
ist die Form des Seins für mich.
So erfasse ich sehr schnell,
Menschsein ist stark individuell!

Sehe immer mit meinen Augen,
ob sie wohl für alles taugen?
Höre nur mit meinen Ohren,
geht da nicht sehr viel verloren?

Spreche nur mit meinem Mund,
tu das eigene Denken kund,
und was mir intimst vertraut,
hat kein anderer je geschaut.

Da, wo ich bin schon gewesen,
kann ich auch die Bilder lesen.
Jene Menschen, die mich gut kennen,
würd ich bei ihren Namen nennen.

Doch die Zahl ist überwiegend,
derer, die ich nie gespiegelt,
deshalb für mich nicht existent,
weil das Schicksal anders rennt.

Sehr konkret ist das Erleben
und ein Urteil schwer zu geben
über das, was man nicht sah,
mir nicht ausreichend war nah.

Richtig ist die Überlegung schon,
aber was bleibt übrig von,
wenn wir in den Alltag blicken,
erfahren, wie die Leute ticken.

Überzeugt von ihrem Denken,
wollen sie die anderen lenken.
Wenig Platz für Skepsis da,
ihre Wahrheit nicht antastbar.

Nun zum Glück gibt es auch Weise,
die uns mahnen, jedoch nur leise.
„Benehmt euch nicht wie ein Tor",
zeigen uns die Lösung vor.

Allein der folgende Gedanke
bringt eigene Logik ins Gewanke.
„Die anderen verhalten sich wie ich",
die Meinungen unerschütterlich!

So lasst uns gehen aus dem Haus!
Wie sieht es bei den Nachbarn aus?
Nehmen wir jetzt ein seine Lage,
dann beantwortet sich schnell manche Frage.

Die Wahrheit ist ein großes Ziel
und investieren muss man viel!
Der Wille sollte vorhanden sein,
zu durchleuchten jeden Schein.

Die Straße

Ein Haus – es ist mein Heim,
davor die Straße – gerade und breit.
Beides wie verklebt mit haltbarem Leim.
Ich genieße tief die wundervolle Einheit.

So geh ich hinaus – so geh ich hinein,
nach Laune und nach Sinn.
Es ist mein Reich, klein aber fein,
nirgendwo sonst zieht es mich hin.

Doch jede Freiheit ist begrenzt,
der Zwang befiehlt das Gehen,
betrittst die Welt, die du nicht kennst,
mein Haus nicht mehr zu sehen.

Die Straße ist die gleiche noch,
ich ahnte nicht wie lang.
Der Weg ist aber spannend doch,
und frisch und wohl mein Gang.

Mal steigt sie an, mal fällt sie ab,
krümmt sich nach rechts, nach links.
Sie hält mich ständig so in Trab,
das Lied des Lebens, ich sing's.

Natürlich zieh ich auch zur Rast,
erhole mich an günstigem Ort,
vergesse meines Körpers Last,
spiel in der Welt von Geist und Wort.

Manch' Menschen, die ich kennenlern,
laden ein mich zum Verweilen.
Ich würde bleiben, oft sehr gern,
das Glück mit ihnen teilen.

Aber eine Macht - sie treibt mich weiter,
es ist der Wunsch zurückzukehren.
Wie hoch du steigst auf einer Leiter,
den Boden kannst du nicht immer entbehren.

Irgendwann ruft der Zeiten Stimme:
„Der Wendepunkt ist erreicht",
und will ich verhindern das Schlimme,
so dürft mir die Entscheidung fallen leicht.

Ich drehe mich entschlossen um,
doch nachdenklich wird mein Blick.
Eine Klarheit macht mich seltsam stumm,
schaue mein Leben Stück für Stück.

Die Straße, gepflastert mit Erinnerung,
sie bremst plötzlich mein´ Schritt,
verliere mich in einer Zuckung,
die Wehmut bringt Erstarrung mit.

Da klopft die Gegenwart bei mir an,
sie zwingt mich zu entscheiden.
Jetzt bin ich noch ´mal gänzlich Mann,
wer könnte mir das neiden?

Und drehe mich noch einmal schnell,
die unbekannte Weite wieder vor mir.
Die Sonne schmunzelt freundlich hell.
Ich hüpfe hoch, nur so zur Zier.

Dann lauf ich, was die Beine geben,
das Schicksal ist mir wohl gesonnen.
Nun strebe ich nach neuem Leben,
Gefühl der Bitternis einfach zerronnen.

Im Gestern will ich nicht verweilen,
das Heute und Morgen lädt mich ein.
Zu vielen Stätten möcht ich eilen,
darauf trink ich ein Gläschen Wein;
und jetzt in dieser kurzen Ruh,
prost ich Euch, Freunden, allen zu!

Die Lüge

„Abendland" – so ist sein Name,
Kommandant auf dieser Welt,
trägt nicht eine Spur von Schame,
wenn er vorschreibt, was gefällt.

Ein Verbündeter im weiten Westen
treibt diese Rolle noch stark an,
bekehrt die Völker zu ihrem „Besten",
belehrt, was jeder darf und kann.

Oh, wie sind sie nur verlogen!
Ihr Gewissen hilft nicht mehr,
Moral wird passend nun gebogen,
Ignoranz, wie wiegt sie schwer.

Entfremdet von der eigenen Güte,
doch ständig nehmend sich in Schutz,
trägt man der Geschichte alte Hüte,
der besseren Einsicht stur zum Trotz.

Wovon sprach einst ein großer Denker?
Es gibt eine List der Vernunft.
Die Menschheit kennt den mächtigen Lenker,
der alle führt – in eine bessere Zukunft!

Die Zukunft

Phantasie, du bist gefragt
wie sonst kein zweites Mal!
Erfahrung hat uns nichts gesagt!
Deutung steht vor großer Wahl.

Spiel der Dinge, Zufall waltet,
Chancen für so manchen Fall.
Schicksal an den Hebeln schaltet.
Wohin rollt der Lebensball?

Hoffen tun wir für das Leben,
dass es ewig könnte währen.
Würden alles dafür geben,
unglaubliches Glück gebären!

Schaffen müssen wir im Heute,
dass wir diese Option haben.
Angesprochen sind alle Leute,
die dieses Ziel sich auch gaben!

Die Kugel

Wer die Welt mit Klugheit will betrachten,
sollte eine Kugel zu Hilfe nehmen,
um mit Gründlichkeit dann zu beachten,
warum kann sie sich so wunderbar drehen!

Ja, sie rollt in naturgegebener Harmonie,
alles wohl gerundet, gleichsam strukturiert.
Mit Staunen untersucht man sie.
Wie ist dieses Phänomen organisiert?

Keine Kanten gibt es zu registrieren,
Gleichheit ist das Bindeglied,
um so, um ein Zentrum zu rotieren,
das von außen niemand sieht.

Alle Punkte schaffen hier das Ganze,
gehen ineinander über grenzenlos.
Jeder hat und nutzt hier seine Chance –
der Erfolg in aller Schoß.

Lob der Kugel, im Großen wie im Kleinen,
und wir Menschen sind auch mittendrin.
Gut, jetzt sollten wir schon meinen:
„Jeder, jede, jedes – alles hat sein´ Sinn!"

Gedichtduo Teil 1
Fragen eines Schülers an den oberen Staatsherrn

Ich will lernen	-	was ist gut?
Möchte wissen	-	wozu man etwas tut?
Wünsche zu begreifen	-	worin liegt der Sinn?
Hoffe zu erkennen	-	wer ich für Sie bin?

Kinder sind arm	-	Kinder sind reich!
Das Leben ist hart	-	doch manche fallen weich!

Warum gibt es Unterschiede riesengroß?
Was hat der eine nicht, aber der andere bloß?

Elend und Armut, wie passt das zusammen
mit Luxus und Verschwendung mächtiger Tyrannen?
Hunger frisst Menschenmassen auf der Erde auf!
Ein einziger hält Autokolonnen privat in Lauf!

Einigen fehlt das Geld, gesund zu werden!
Andere leisten sich alles gegen irgendwelche Beschwerden.
Viele besitzen nicht ein Dach über ihr Haupt!
Wenige wohnen in Palästen, wie man es kaum glaubt.

Was ist das für ein System – das all jenes produziert?
Kann man es nennen menschlich – wenn der Mensch nicht interessiert?
Wie dürfen Sie es verteidigen – falls Sie nicht wegsehen?
Erklärungen suchend und findend, die kaum einer kann verstehen?

Warum ist der Betrug so normal geworden?
Die Menschen behandelnd als willige Horden?
Ihre Meinungen, wenn's passt, als richtig gepriesen,
andernfalls jedoch so ist man in Krisen?

Ist der Werdegang zu Ihrem Stand
nicht allein schon Beweis in Volkes Hand,
dass Moral steht nur auf dem Papier?
Wer regieren will, muss handeln wie ein Tier?

Unsere Gesellschaft gleicht einer Pyramide,
oben ist wenig Platz, aber unten für viele.
Die Mächtigen haben dieses Prinzip erkannt,
ein Handeln dagegen wird strikt gebannt.

Herr Staatsherr, jetzt sind Sie am Zug!
Ich hoffe, Sie haben Mut genug
und fragen tief in sich hinein:
„Dieser Staat – kann das es sein?"

Schließlich ist es auch nicht so,
dass die Lösung liegt nirgendwo!
Menschen Geist in seiner Größe
gibt auch hier sich nicht die Blöße.
Das Modell – steht geschrieben auf Papier.
Letzte Frage – worauf warten wir?
Gegen den Egoismus widersetzender Leute,
lasst uns das Werk beginnen – schon gleich heute!

Gedichtduo Teil 2
Fragen eines Schülers an den gewöhnlichen Bürger

Ich will lernen	-	was ist gut?
Möchte wissen	-	wozu man etwas tut?
Wünsche zu begreifen	-	worin liegt der Sinn?
Hoffe zu erkennen	-	wer ich für Sie bin?

Fragen, die schon 'mal gestellt,
spannend, welche Antwort sich hinzugesellt!
Hoffnung blüht, der Weisheit näher zu gelangen,
Wahrheit, wie ein Jäger einzufangen.

Was tun Sie den ganzen Tag
gegen jene Dinge, die Sie oft beklag'n?
Wer interessiert Sie und wer nicht?
Wem zünden Sie an im Dunkeln ein Licht?

Regt sich Ihr Gewissen, wenn Sie Unrecht tun?
Sind Sie gar gegen Machtallüren immun?
Helfen Sie im Rahmen Ihrer Möglichkeit
für ein Leben in größerer Gerechtigkeit?

Versuchen Sie, tief in die Probleme zu dringen,
damit Ihre Ziele können auch gelingen?
Überwinden Sie die beliebte Bequemlichkeit?
Sind Sie für Veränderung wirklich bereit?

Stellen Sie sich vor, oberer Staatsherr zu sein!
Gehen Sie dann ins Gericht mit sich allein!
Wie ist Ihr Denken und Handeln dann?
Stehen Sie bewusst und eisern „Ihren Mann" ?

Sollte es so sein und dies wäre groß,
brauchen wir uns erinnern bloß!

Das Modell – steht geschrieben auf Papier.
Letzte Frage – worauf warten wir?
Gegen den Egoismus widersetzender Leute,
lasst uns das Werk beginnen – schon gleich heute!

Die Treue

Schlagwort, Phrase, großes Getöse?
Wird da jemand ganz schnell böse?
Ist ein alter Wert präsent?
Rarität, die kaum einer kennt?

Fragen, die nicht übertrieben,
denn sehr viel ist nicht geblieben
von einem einst so reichen Schatz
in des Lebens ungestümer Hatz.

Gegenwart kann uns nur sagen,
die Dinge haben sich überschlagen.
Beschleunigung ist das Schlüsselwort,
riss so manches Schutzschild fort.

Egowelt im Glitzerganz
fordert auf zum Solotanz!
Alles dreht sich um den Nutzen,
verlangt, unsere Seelen zu stutzen!

Wer kann halten diese Schwere,
die da lauert in der Leere?
Heute haben wir noch die Wahl,
zu entrinnen der Verlassenheit Qual.

Hütet wohl den alten Trumpf,
er bewahrt uns vor dem Sumpf,
den noch niemand kann beschreiben!
Was wird von dem Menschsein bleiben?

Die Jugendzeit

Was die Jugend uns bedeutet,
kann der Jugendliche nicht sagen.
Er die Kräfte willkürlich vergeudet,
Weisheit kommt an späteren Tagen.

Zeitlos lebt sich's, so es scheint.
Ungehemmt kann man agieren.
Unwichtig, was ein anderer meint,
König Jugend will regieren.

Eigene Schönheit darf jetzt strahlen.
Liebe steht hoch im Zenit.
Romantik lässt sich pur nun malen,
wild ist der Tagesritt.

Unbeachtet ist die Jugend erschienen,
aber stark beachtend geht sie dahin.
Verdunkeln tun sich der Menschen Mienen,
und zweifelnd suchen sie den tiefen Sinn.

Doch unklug wäre ein Klagen,
aktiv und froh sollten wir sein!
So oder so müssen wir's ertragen,
deshalb halten wir die Wehmut klein.

Der Maßstab

Groß ist klein, klein ist groß,
dick ist dünn, dünn ist dick,
es hat kein Talent, es hat Geschick.
Ich sehe es nicht, ich sehe es bloß.

Leicht ist schwer, schwer ist leicht,
lang ist kurz, kurz ist lang,
es ist nur Radau, es ist Gesang.
Ich habe genug, mir es nicht reicht.

Weit ist nah, nah ist weit,
schön ist hässlich, hässlich ist schön,
es schaut nicht, es hat es gesehn.
Ich bin fertig, ich bin nicht bereit.

Klug ist dumm, dumm ist klug,
bunt ist farblos, farblos ist bunt,
rund ist eckig, eckig ist rund.
Trug ist Wahrheit, Wahrheit ist Trug.

Reich ist arm, arm ist reich,
voll ist leer, leer ist voll,
es ist langweilig, es ist toll.
Die Nummer ist hart, sie ist doch weich.

Das Gedicht ist schlecht, es ist doch gut,
es ist ohne Sinn, es hat einen Zweck.
Ich les nicht weiter, leg´s doch nicht weg.
Merk, dass es mir Heiteres tut!

Der Wert

Wenn Du willst 'was gelten –
musst Du kommen selten!
Ja, es strömt aus diesem alten Spruch
Wahrheits süßsauerer Geruch.

Rarität steigert den Wert,
Einzigartigkeit ist nicht verkehrt.
Gefährlich ist der Überfluss,
lockt ganz schnell den Überdruss.

Alles mutiert heut zur Ware
und der Mensch nicht ausgenommen.
Kommt er dann „ in die Jahre ",
was kann er für sich bekommen?

Gering nur ist das Interesse
der Allgemeinheit am Individuum.
Mitleid zeigt nur eine Blässe,
Fremdheit lässt die Münder stumm.

Wert des Menschen - wie gelungen –
steht brav auf Gesetz' Papier,
in die Wirklichkeit nicht vorgedrungen,
taxiert so wie ein Arbeitstier.

Doch es gibt für jeden Trost,
Gerechtigkeit schlägt zaghaft zu.
Dem Nachbarn ist nichts anderes zugelost.
Er ist nur 'ne Nummer so wie Du.

Und da ist noch etwas, nicht vergessen!
Du hast einen Freund oder wirst geliebt.
Der Wert ist so hoch - nicht zu bemessen.
Dies Dir die Kraft für alles gibt.

Der Wohlstand

Fragst du nach ein' Sinn im Leben,
wird es oft die Antwort geben:
„Nach dem Wohlstand wollen wir streben!"

Diese Formel ist nicht leer,
ihr Inhalt wiegt unschätzbar schwer,
wenn du schaust der Armut Heer.

In dem Spiel um Zwang und Freiheit
sind die Menschen schon bereit,
Lasten zu tragen, schwer und weit.

Wenn das Schicksal schenkt ein' Kuss,
ist das wahrlich Hochgenuss,
wo man nicht mehr jammern muss.

Manchmal ist die Welt verkehrt,
jemand gering schätzt diesen Wert,
nur die Gier sich immer mehrt.

Wohlstand ist als Chance zu sehen,
in unserem Menschsein fortzugehen,
an den Rädern des Glücks zu drehen.

Es scheint, als hätten wir die Uhr gespeist,
sie stets mit uns durchs Leben reist.
Vielleicht würden wir ihr gern entrinnen –
Zustand der Zeitenlosigkeit gewinnen.

Das Kind, das keine Uhr besessen,
lernt trotzdem früh, den Tag zu messen.
Jetzt ist die Zeit für Spaß und Spiel,
zu andrer Stund ist's dann zu viel.

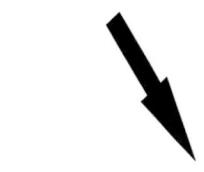

Die Uhr

In jedem von uns tickt eine Uhr –
sie weist uns unsere Lebensspur.
Misst unser Dasein in jeder Form,
gibt aller Bewegung ewige Norm.

Im Alter dann bekommt die Zeit,
verpasst ein emotionshaltiges Kleid.
Ihr Wert steigt nun immer mehr,
Rationalität hat es jetzt schwer.

Erwachsen geworden, die Dinge zu überschauen,
erkennen wir, man will die Zeit uns klauen.
So tun wir Sachen viele Stunden,
die unserem Geschmack gar nicht munden.